AF388755

Paul VIVIEN

Ingénieur Agronome

1875-1927

A LA MÉMOIRE

DE

PAUL VIVIEN

Ingénieur Agronome

Décédé accidentellement à Amiens

le 11 Avril 1927, à l'âge de 52 ans

muni des Sacrements de l'Eglise

La bonté, l'amabilité, l'amour de sa famille, tel était l'ornement de ce cœur généreux ; son éloge se trouve dans les regrets éternels de sa Famille et de ses Amis (Bossuet).

LAON

Imprimerie du *Courrier de l'Aisne*, 39, Rue Saint-Jean

1927

†

Obsèques de M. Paul Vivien

Dans la matinée du 17 Avril 1927, une triste rumeur se répandait dans la Ville de Laon et venait frapper de stupeur les amis de M. Paul Vivien. Elle leur disait que leur ami, qu'ils avaient vu la veille en pleine santé, avait succombé dans un malheureux accident d'automobile.

La nouvelle se précisait peu après avec tous ses détails.

Le 16 Avril, après avoir assisté le matin, aux obsèques de Madame Rol, à Laon, M. Paul Vivien prenait dans l'après-midi le train pour Tergnier et, là, montait dans une automobile, que pilotait son gendre, M. Leleu, pour rejoindre Madame Vivien et ses enfants en villégiature à Berck. Avec lui montait Mademoiselle Limasset, petite-fille de M. Rol. M. Paul Vivien était assis à la gauche de son gendre, Mademoiselle Limasset occupait le fond de la voiture.

L'automobile, qui allait à une allure normale, suivait la route de Saint-Quentin à Amiens. Tout à coup, comme la voiture arrivait vers 6 heures 45 à Proyart, au passage à niveau non gardé, près de l'ancienne sucrerie, le train de Rosières à Braye, masqué par des bâtiments débouchait sur la route et prenait l'auto en flanc par l'avant. Sous la violence du choc, la voiture fit deux tours sur elle-même et retombait dans sa position normale. M. Paul Vivien et Mademoiselle Limasset arrachés de leurs sièges étaient projetés sur les côtés de la route. M. Leleu était demeuré cramponné à son volant. On accourut au secours des victimes. M. Leleu n'était que très légèrement blessé. Mademoiselle Limasset était gravement blessée. Quant à M. Vivien, il était évanoui. Revenu à lui dix minutes plus tard, il se plaignait de vives douleurs dans le ventre.

Madame Boullanger, de Pierrepont-sur-Avre, qui se trouvait de passage, prit les blessés dans sa limousine et, très obligeamment, les transporta à la clinique Pauchet, à Amiens.

On reconnut que M. Vivien avait de graves lésions du côté gauche, une fracture du bassin et de la racine de la cuisse gauche avec syndrôme d'une hémorragie interne grave.

Sentant ses forces l'abandonner peu à peu et comprenant qu'il était perdu, M. Vivien avec beaucoup de sang-froid fit ses dernières recommandations et reçut les derniers sacrements. Il rendit le dernier soupir à 2 heures 40 du matin.

Un ami de la famille, M. Croix, prévenu, vint chercher Madame Vivien qui arriva quarante minutes après la mort de son mari.

Le corps de M. Vivien fut ramené à Laon, à son domicile, rue du 13-Octobre. et c'est là qu'eurent lieu les obsèques le 21 Avril. Elles réunirent une foule considérable d'amis venus de tous les points du département.

L'Eglise Saint-Martin était entièrement tendue de draperies noires. Après l'absoute donnée par M. l'abbé Lefèvre, curé de la paroisse, le corps fut conduit au cimetière Saint-Just et placé dane le caveau provisoire.

Le corbillard était précédé d'un char où s'amoncelaient les couronnes et les gerbes de fleurs apportées par la famille et les amis si nombreux du regretté défunt.

Le deuil était conduit par MM. Frédéric Bertrand et Léonce Fleury et par Mesdames Boutroy et Blanchet.

Les coins du drap étaient tenus par MM. René Debrotonne, Emile Lhotte, Brétignière et Bouré.

Dans le cortège qui se déroulait depuis la maison mortuaire jusqu'à l'Eglise Saint-Martin, tout ce que Laon et les environs comptent de notabilités, avait pris place. Citons seulement, dans l'impossibilté de citer tout le monde : MM. Ermant, sénateur, Rillart de Verneuil, député, Bègue, préfet de l'Aisne, Nanquette, maire de Laon, Westercamp et Harang, adjoints, colonel Blanchet, Allain, trésorier-payeur général, un nombre considérable de cultivateurs venus de tous les points du département.

Parmi les nombreuses couronnes, notons celles de la Société immobilière, de la Société métallique et de son personnel, du personnel de l'usine Ponchaux-Leleu, du Cercle de l'Union, de la Société coopérative de l'Indépendance, de la Société de chasse de Samoussy, de la

Société du Tennis, de l'Association des ingénieurs agricoles de l'Aisne, et de nombreuses couronnes et gerbes
de parents et amis.

Au cimetière, au caveau provisoire devant lequel le
cercueil fut placé, trois discours furent prononcés : par
M. Brétignière. au nom des anciens élèves de Grignon,
M. Demarolle, au nom de la Fédération des Ingénieurs
agricoles de l'Aisne, M. Léonce Fleury, au nom des amis
du défunt.

DISCOURS

DE

M. BRÉTIGNIÈRE

Mesdames, Messieurs,

Comment dissimuler notre douleur devant cette tombe qu'un accident vient d'ouvrir si brutalement, triste conséquence des conditions nouvelles de l'existence. N'y a-t-il pas véritablement un manque d'harmonie dans le cercle que nous parccurons, et songeant aux applications merveilleuses d'une science chaque jour plus curieuse, fait-on vraiment tout ce qui est nécessaire pour protéger la vie humaine, organisme si fragile et si délicat.

Cette douleur, pouvons-nous en mesurer l'étendue pour les membres d'une famille si délicieusement unie, qui faillit être doublement éprouvée en ce jour fatal. A défaut d'expressions que leur banalité rend insuffisantes, le concours d'une telle foule n'est-il pas un témoignage éclatant de l'affection sincère, de l'estime réfléchie qu'inspirait le disparu.Et faible écho d'une grande famille, pourrai-je dire tout le chagrin qu'éprouveront les Grignonnais en apprenant la mort de Paul Vivien ?

C'est en 1893 que son père le confia aux maîtres d'une Ecole qui est fière de compter un si grand nombre d'agriculteurs du département de l'Aisne parmi ses anciens élèves ; Vivien arrivait à Grignon précédé par un grand nom. Que l'on me permette de rendre hommage à la mémoire d'un homme dont la vie digne et sereine fut consacrée au développement de la connaissance.

Paul Vivien prit à Grignon ce qui lui était nécessaire pour exercer la profession d'agriculteur, mais il y laissa beaucoup de lui-même ; il répandit son amitié, d'aucuns diront qu'il la prodigua. Hélas, tant de cœurs sont fermés à la peine, tant de lèvres restent closes, tant de regards ne se voilent jamais, que des caractères comme celui de notre cher camarade sont infiniment précieux car ils contribuent à rétablir parmi les hommes une heureuse et nécessaire harmonie.

Et chaque année, dans le cadre des amis, nous étions contents de retrouver sa bonne gaieté, sa belle cordialité ; les années ne l'avaient pas changé et nous nous en félicitions car nous savions qu'il trouvait son bonheur dans l'épanchement de ses sentiments.

Les circonstances l'avaient d'ailleurs comblé ; n'avait-il pas auprès de lui la compagne qui le comprenait et donnait une note encore plus exquise à l'accueil familial. Les années ont passé, ensemble ils ont connu les joies qu'éprouvait Paul à présenter ses camarades de Tunisie et d'Algérie, à sa jeune femme ; ils ont mis en valeur la terre familiale de Thierret ; ils ont pleuré un fin visage cruellement enlevé à leur affection ; ils ont repris confiance après une grave opération ; ils ont connu l'invasion, l'existence des réfugiés, la délivrance, les hésitations pour s'accommoder à une vie nouvelle ; un jeune enfant, des petits enfants ont encore resserré s'il était possible, cette union touchante; et puis, ils ont fait un rêve, c'est qu'un jour allât à l'Ecole de son père celui qui maintenant cherche la main qui devait le guider.

Dans cet instant où l'on prononce des mots de réconfort, où la pensée obstinément tendue se recueille pour fixer encore mieux le souvenir du disparu, au nom des anciens élèves de Grignon, adressant le dernier adieu à notre cher et grand ami et camarade Paul Vivien, j'assure Madame Vivien, ses chers enfants et petits enfants, tous les membres de leur famille, de toute notre respectueuse et affectueuse sympathie, je fais des vœux pour que le rêve se réalise, et je m'incline douloureusement ému devant celui dont la vie ne fut qu'une longue passion de généreuse confiance et de douce cordialité.

DISCOURS

PRONONCÉ PAR

M. DEMAROLLE

Président de la Fédération

des Ingénieurs Agricoles de l'Aisne

Mesdames, Messieurs,

Au nom des membres de la Fédération des Ingénieurs-agricoles résidant dans notre département, je viens, en qualité de Président de ce groupement, exprimer à la mémoire de notre cher et bien regretté camarade Paul Vivien, secrétaire de la Fédération, nos regrets les plus vifs et les plus attristés.

Tous nous fûmes absolument consternés lorsque nous apprîmes l'effroyable accident qui a causé la mort de notre excellent ami et mis en danger les personnes qui l'accompagnaient, elles aussi grièvement blessées.

Aussi, n'est-ce pas sans une très vive et profonde émotion que, m'acquittant du pénible devoir qui m'incombe, j'adresse le suprême adieu à ce si dévoué collaborateur que la mort inexorable arrache brusquement à l'affection des siens et de ses amis en pleine fleur de l'âge et au moment même où, après une carrière bien remplie et après avoir beaucoup travaillé, il jouissait d'un repos bien mérité.

Ancien élève de l'école nationale d'agriculture de Grignon, Paul Vivien appartient à la promotion de 1894.

Naturellement bon, affable et extrêmement serviable, il avait su, dès son entrée dans l'école, comme plus tard dans la vie civile se concilier rapidement la sympathie d'abord, l'affection ensuite de tous ceux qui l'approchaient, de ses professeurs comme de ses camarades.

Sorti dans un bon rang et avec le diplôme d'Ingénieur agricole après deux années de présence à l'Ecole, Paul Vivien prit, quelques années plus tard, la direction d'une grande exploitation, la ferme de Thierret, terre de famille sur laquelle avaient vécu ses ancêtres. Très vaillamment secondé par sa digne épouse, qui chaque jour déployait une inlassable activité, guidé d'autre part par les conseils de son excellent Père, l'éminent professeur Vivien qui a laissé dans notre département le souvenir de sa très grande érudition aussi bien en chimie appliquée à l'industrie et l'agriculture qu'en mécanique. Paul Vivien mit en œuvre dans son exploitation les procédés de culture les plus modernes et les plus perfectionnés.

Il dirigeait sa ferme avec habileté lorsqu'en 1914 survinrent la guerre et l'invasion qui paralysèrent ses efforts et arrêtèrent sa culture.

La guerre terminée, Paul Vivien, fatigué et quelque peu découragé, céda son exploitation et depuis lors jouissait d'un repos bien mérité au milieu de sa famille et de ses Enfants, lorsque, brutalement, la mort, dans un accident terrible, est venue l'arracher à notre profonde amitié.

La Fédération des Ingénieurs agricoles de l'Aisne, perd en Paul Vivien, l'un de ses plus précieux collaborateurs. Elle avait pu en toutes circonstances apprécier les hautes qualités de cœur et de dévouement de son secrétaire : elle ne saurait l'oublier.

Adieu, cher et excellent Ami, reposez en paix. Puisse cette imposante et grandiose manifestation de sympathie qui vous entoure au seuil de votre dernière demeure, puissent aussi les regrets unanimes que vous laissez derrière vous, atténuer quelque peu l'immense douleur de votre chère Epouse, de vos Enfants et de toute votre famille à qui j'adresse l'hommage ému de nos condoléances sincèrement affligées.

DISCOURS

DE

M. FLEURY

Mesdames, Messieurs,

Malgré ma profonde émotion, je veux, en mon nom personnel et au nom de nombreux amis, dire le suprême adieu à cet incomparable ami que tous nous pleurons aujourd'hui.

Quand, dimanche aux premières heures du jour, on a dit : Paul Vivien est grièvement blessé, Paul Vivien est peut-être mort, on a vu la consternation, la douleur vraie et sincère sur tous les visages. Cela n'avait rien de commun avec l'émotion habituelle causée par l'annonce des accidents, hélas trop fréquents aujourd'hui : c'était toute une ville profondément touchée par cette nouvelle brutale et inattendue.

Etait-il possible que cette grande et belle figure si sympathique si cordiale, si simple et si bonne qu'on avait vue, la veille encore dans nos murs dans toute la plénitude de la force et de la santé était éteinte à jamais. On ne voulait pas y croire ; on voyait ses amis courir et chercher une ultime espérance dans les dernières nouvelles qui, hélas, apportèrent l'irréparable.

Cette douleur vraie de notre cité tout entière était bien compréhensible, car le cher disparu ne comptait que des amis et avait passé sa vie entière au mieux être de tous ceux qui l'entouraient. C'est aussi qu'il était un des représentants les plus qualifiés de ces belles familles de notre département : les Vivien, les de Bussy et les Magnier qui depuis plusieurs générations ont donné l'exemple du travail et de la persévérance dans l'effort. C'est qu'il était le fils de cet autre disparu qui avait mené une vie si exemplaire dans notre région. C'est enfin qu'il était le frère de cet autre grand sympathique qui, là bas, en Normandie le berceau de leur famille a conquis tous les cœurs par sa bonté, son intelligence et ses robustes qualités.

Pourquoi faut-il qu'un homme si bon et si sympathique disparaisse en pleine force, en pleine santé et soit enlevé à l'affection des siens par un de ces accidents terribles qui jettent partout la consternation et l'épouvante ?

Pourquoi faut-il que ce soit au moment où la nature entière est en liesse, à cette époque du renouvea où tout est gai, où tout rit et tout fleurit que cette catastrophe vienne mettre en deuil des familles entières ? Le sort est parfois trop cruel et vraiment

les paroles sont impuissantes pour trouver les consolations néces·
saires.

Pour atténuer cependant ce grand malheur, regardez, Madame, et vous, chers enfants ,ce cortège innombrable, ces visages
attristés, ces mains tendues vers vous de toutes parts, cette
somme énorme de sympathie apportée bien sincèrement de partout pour vous aider à supporter cette terrible épreuve.

D'évènements comme ceux-là nous devrions dégager des ensei-
gnements, regarder de plus près cette fragilité humaine, faire
appel dans toutes nos relations à plus de bonté, plus de compas-
sion et plus de charité ; repousser de toutes nos forces cet égoïsme
issu de nos grandes luttes récentes pour nous regarder d'un œil
plus fraternel et meilleur. Nous devrions prendre et suivre l'exemple de ce grand ami, nous montrer toujours affable et bienveil-
lant, rendre service à tous et faire nôtres ses grandes qualités ci-
viques. Ne serait-ce pas là le meilleur moyen d'honorer sa mémoire ?

Si Paul Vivien avait su mettre en pratique toute sa vie les
éminentes qualités qui lui ont acquis tant d'amitié vraie et sincère, il avait aussi apporté la quiétude et le bonheur au sein de sa
famille, ouvert son foyer à tous, élevé ses enfants dans cette saine
ambiance de générosité et de bonté. Aussi combien nous compre-
nons leur immense douleur et notre impuissance hélas ! à les
consoler.

Je veux mettre en lumière une autre de ses qualités ; je veux
parler de sa simplicité ; jamais il n''a recherché les honneurs. Si,
à un moment donné, il a occupé les hautes fonctions de pre-
miers magistrat dans sa commune, ce n'est certes pas l'intrigue
qui lui valut ce poste souvent envié, mais bien l'estime de ses
concitoyens.

Il n'a pas dû jamais solliciter ces vains hochets de l'ambition
humaine. Il aurait pu, comme tant d'autres, les obtenir par ses
nombreuses et solides relations ; il a préféré en user pour rendre
service à tous. Il a tout demandé pour les autres, il n'a rien
demandé pour lui. Nous devons admirer bien fort cette grande
simplicité et ce profond désintéressement, car ce sont deux qualités bien rares aujourd'hui.

Dans les douloureux moments de la séparation on a quel-
quefois tendance à exagérer les qaulités des disparus, aujour-
d'hui ce reproche ne trouverait pas d'écho, car jamais on ne pour-
ra dire de Paul Vivien tout le bien qu'il mérite. C'est une grande
et belle figure qui restera gravée dans notre souvenir et qui sera
synonyme de bonté, de générosité et d'affabilité.

Et vous, ses chers enfants, et vous, pauvre Madame Vivien,
dont le foyer vient d'être détruit par cette cruelle injustice du
sort, vous pouvez être fiers du grand disparu. Il a fait autant qu'il
a pu votre bonheur ; il a fait celui de tous ceux qui l'entouraient ;
son souvenir restera ineffaçable dans le cœur de tous ceux qui
l'ont connu.

Vous, Cher grand Ami, nous conserverons précieusement votre souvenir. nous nous rappellerons toujours votre grand cœur et votre inépuisable bonté. Nous ferons nos efforts pour suivre la belle voie que vous nous avez tracée, celle de l'Amitié et de la Fraternité.

La voiture après l'accident

www.ingramcontent.com/pod-product-compliance
Lightning Source LLC
LaVergne TN
LVHW010308190726
843502LV00014B/3665